AF456487

ADOLPHE JULLIEN

L'OPÉRA EN 1788

DOCUMENTS INÉDITS

EXTRAITS DES ARCHIVES DE L'ÉTAT

PRIX : 1 fr. 25

PARIS
LIBRAIRIE MUSICALE ANCIENNE ET MODERNE
POTTIER DE LALAINE, ÉDITEUR
115, RUE DE PROVENCE, 115

1873

Extrait de la *REVUE DE FRANCE*

L'OPÉRA EN 1788

DOCUMENTS INÉDITS EXTRAITS DES ARCHIVES DE L'ÉTAT.

La constitution qui régissait l'Académie royale de musique peu de temps avant qu'éclatàt la Révolution était des plus complexes. C'était un compromis bizarre entre la monarchie et l'oligarchie, inspiré par les idées d'indépendance qui gagnaient du terrain chaque jour, et qui devaient aboutir à un si terrible cataclysme. A l'Opéra comme dans le royaume, les esprits étaient très-agités ; on criait fort ; on discutait beaucoup ; on résistait ouvertement au directeur ; on combattait en dessous le ministre ; on suspectait toute autorité établie ; on protestait ; on invoquait la justice, le droit, sans les trop respecter.

La situation allait empirant depuis nombre d'années, et le déficit qu'on signalait dans la caisse de l'Opéra à la fin de chaque direction n'était pas fait pour défendre l'ancien état de choses. Depuis plus d'un siècle, en effet, tous les directeurs s'étaient successivement ruinés à l'Opéra, tous sauf Lulli, puis Rebel et Francœur. C'était un jeu de bascule perpétuel entre la Ville et l'État, qui se rejetaient sans cesse l'Opéra et acquittaient ses énormes dettes à tour de rôle. Dernièrement encore, De Vismes du Valgay, qui était pourtant un habile administrateur, et auquel la Ville avait accordé un secours annuel de 80,000 livres (la première subvention régulière attribuée à l'Opéra), n'avait pas réussi et avait dû donner sa démission : ce malheureux théâtre était alors revenu à la non moins malheureuse Ville, qui y perdit, en moins d'une année, 200,000 livres. Cependant, le roi souffrait de voir notre premier théâtre lyrique tomber ainsi en décadence, et, le 17 mars 1780, il avait rendu un arrêt qui faisait cesser le privilége accordé à la Ville, ordonnait qu'elle payerait les dettes contractées par l'Opéra pendant son administration, et remettait ce théâtre sous la tutelle de l'État.

Mais il se préparait un bien autre changement, qui allait rompre avec le passé de tout un siècle. C'était la reconnaissance du pouvoir des artistes et leur introduction dans la direction du théâtre; bref, la formation d'un comité dirigeant. L'arrêt royal du 17 mars disait bien que le directeur gouvernerait avec *pleine et entière autorité;* mais, par l'art. 10 du même arrêt, le ministre de Paris est chargé « de présenter au roi les nouveaux statuts et règlements qu'il jugera nécessaires pour l'administration de l'Opéra. » Or, le 27 avril, le ministre publia un règlement dont l'article Ier instituait un comité composé du directeur général, de deux premiers sujets du chant, du maître de ballets, de deux premiers sujets de la danse et d'un secrétaire (1).

Voici comment devait manœuvrer cette organisation si compliquée. L'Opéra était sous la direction suprême du ministre de Paris, qui se faisait représenter par un intendant des Menus Plaisirs. Le directeur de l'Opéra n'était plus qu'un administrateur général, secondé d'un comité de six membres, comité qui décidait et ordonnait tout dans le théâtre, sauf approbation du ministère. Le seul privilége du directeur était d'avoir deux voix dans le comité : il n'avait donc qu'un quart d'autorité.

Le roi ne s'en tint pas là dans la voie des réformes : non content d'avoir appelé les artistes à diriger eux-mêmes leur théâtre, il voulut aussi accorder au directeur et aux principaux sujets un intérêt dans le produit des recettes et des économies. Ces artistes, ainsi appelés à profiter des bénéfices,

(1) Le nombre des membres du comité et le mode de les choisir furent très-légèrement modifiés d'abord par un règlement du ministre (16 avril 1781), puis par les arrêts royaux du 13 mars 1784 et du 28 mars 1785. (Archives nationales, ancien régime, 01,631. *Observations sur les mémoires des sujets de l'Opéra qui demandent l'entreprise de ce spectacle,* en avril 1789). On trouve dans le même carton le texte original du règlement ministériel signé par les principaux sujets, le 17 avril 1780.

furent nommés artistes copartageants et formèrent une assemblée générale, à laquelle le comité devait rendre compte de sa gestion : le comité tenait séance d'abord une, puis bientôt deux fois par semaine, et l'assemblée générale des sujets copartageants se réunissait au commencement de chaque mois.

Cette organisation nouvelle commença à fonctionner en avril 1780 : le comité tint sa première séance le 22 avril. M. Amelot était alors ministre de Paris, Papillon de la Ferté était intendant des Menus Plaisirs; Pierre-Montan Berton et Gossec avaient été nommés, le 1er avril, directeur et sous-directeur de l'Opéra. Le comité était composé de Legros, Durand, Vestris père, Gardel l'aîné, Dauberval et Noverre. Les fonctions de secrétaire, qui ne donnaient pas voix délibérative, étaient remplies par un nommé Lasalle, intrigant fieffé, qui sut bientôt prendre une place importante dans le comité, dont il devint comme la cheville ouvrière. Berton ne put pas exercer longtemps ses fonctions : il mourait le 14 mai. Le 16, les artistes de l'Opéra rédigèrent une adresse au ministre pour lui demander de ne pas nommer de directeur et de les laisser se gouverner eux-mêmes (1). Leur requête ne fut pas admise, et le roi appela à la succession de Berton un musicien expert, Dauvergne, qui avait déjà par deux fois dirigé l'Opéra. Grande fut la déception des artistes et du comité de l'Opéra, qui regardèrent dès le premier jour leur nouveau directeur comme un maître, comme un tyran dont il fallait se débarrasser au plus vite. Ce qui ne les empêcha pas d'adresser à Dauvergne une lettre où « ils lui annonçaient avec plaisir que le ministre avait enfin répondu à leurs désirs et à leurs instances en le nommant à la place de directeur (2). »

Ces innovations dans l'administration de l'Opéra avaient été accueillies avec faveur par l'opinion. Voici ce que disaient à cet égard les *Mémoires secrets*, le 12 mai 1780 : « La nouvelle constitution du théâtre lyrique n'est point despotique, ni même monarchique, comme ci-devant. Le sieur Le Berton n'en est que l'administrateur principal : les sujets participent aujourd'hui au gouvernement intérieur de cette vaste machine : ils ont des assemblées, des jetons et voix délibérative. »

A peine voulut-on mettre en pratique le nouveau régime

(1) Archives nationales, ancien régime, 0-1, 632.

(2) Archives nationales, ancien régime, 0-1, 635. Lettre de démission de Dauvergne à M. Amelot, du 23 mars 1782.

qu'on s'aperçut combien il était défectueux. Les artistes, se sentant délivrés d'une direction unique et énergique, donnèrent pleine carrière à leurs caprices : c'était à qui chanterait ou danserait le moins et obtiendrait le plus de gain et d'honneur. Ce n'étaient que réclamations, pétitions, remontrances, protestations, que froissements d'intérêts et d'amour-propre, jalousies, intrigues, mauvais vouloir, querelles, démissions, ruptures d'engagements ou fuites subreptices. Le comité ne savait auquel entendre et rejetait tous les torts sur le directeur, qui n'en pouvait mais, n'ayant par le fait qu'une autorité illusoire. Celui-ci se plaignait à l'intendant des Menus, qui demandait les ordres du ministre, lequel était le plus souvent fort embarrassé de prendre une décision et de se reconnaître dans cet inextricable chaos.

Amelot adressait alors à La Ferté des lettres fort irritées. Un jour, entre autres, qu'il était surexcité par les prétentions exorbitantes de ces vaniteux artistes, il lui envoyait un billet qui commençait par cette vive apostrophe : « En vérité, Monsieur, je sens qu'il faut une patience plus qu'humaine pour conduire l'indécrottable machine de l'Opéra, mais ne perdé pas courage, je vous prie, et aidés-moi à la faire aller au moins de notre mieux ; » et, après avoir résolu d'un mot les réclamations pécuniaires et honorifiques de Gardel, de Dauberval, de la Guimard, il ajoutait durement : « Pour Mme Saint-Huberty, il ne faut pas aller par deux chemins : si elle refuse obstinément de chanter mardi, mandés le moi et je vous envoirai un ordre du roi pour la faire mettre en prison, dont vous différerés seulement l'exécution jusqu'au mardi matin. Je désire vivement au surplus que la demoiselle Candeille puisse vous convenir, mais assurons au moins le spectacle pour la rentrée. En vérité, il y a de quoi faire tourner la tête (1). »

Au bout de deux ans de ce manége insupportable, Dauvergne, las de résister aux persécutions sourdes du comité (2), prit prétexte de sa santé et se retira. Les artistes en étaient venus à leurs fins ; ils étaient enfin débarrassés de cette ombre

(1) Archives Nationales. Ancien régime. 01, 629. Lettre du ministre du 6 avril 1782.

(2) Le 21 mars 1781, Gardel, Dauberval, Legros, Mlles Guimard et Heinel avaient adressé à M. de La Ferté un long mémoire d'une violence extrême contre l'administration de Dauvergne. (Archives Nationales. Ancien régime, 01, 634.)

de directeur qui les gênait si peu et allaient pouvoir se gouverner eux-mêmes. A partir de Pâques 1782, un nouveau comité prit la souveraine direction de l'Opéra. Il comptait huit membres votants : Gossec, compositeur, Legros et Lainez, représentant les acteurs copartageants, Gardel et Dauberval, représentant les premiers sujets et le corps de la danse, Rey, représentant le corps de l'orchestre, De la Suze, représentant les chœurs, et Bocquet, inspecteur, plus de Lasalle, le secrétaire : c'était une véritable république artistique (1). La joie était dans les cœurs ; chacun espérait que ce régime imprimerait à l'Opéra une impulsion telle que l'art allait briller d'un éclat incomparable, mais (voyez un peu la fatalité) ce malheureux comité, qui avait tant agi pour renverser Dauvergne, ne tarda pas à tomber lui-même sous un pouvoir d'autant plus absolu et d'autant plus funeste qu'il était innommé et s'exerçait dans l'ombre.

Sitôt que Dauvergne se fut retiré, Morel devint le maître souverain de l'Opéra et soumit à ses plus dures volontés le comité, qui se montra aussi humble et aussi plat devant l'homme d'affaires parvenu, qu'il s'était fait brave et impudent devant l'artiste joignant l'honnêteté au mérite. Ce Morel avait commencé par être employé dans l'administration des voitures qui allaient de Paris à Versailles, et il gagnait 1,200 livres par an à surveiller les cochers et à vérifier leurs comptes. Il avait obtenu ensuite une place de commis aux Menus Plaisirs, et s'était bientôt, grâce à son esprit souple et délié, insinué dans la faveur de Papillon de La Ferté; il manœuvra même assez habilement pour épouser la sœur de son maître : dès lors, sa fortune était assurée. Il eut de plus, par deux fois, l'honneur de signer de mauvais poëmes d'opéras élaborés par le comte de Provence; le beau-frère de La Ferté, collaborateur du frère du roi, avait acquis à l'Opéra un pouvoir absolu, et il en usait pour faire jouer ses propres ouvrages, qui d'ailleurs ne lui donnaient pas grand'peine : il les achetait à de pauvres rimeurs qui mouraient de faim et les signait de son nom. *Thésée*, *Alexandre aux Indes*, *Thémistocle*, autant

(1) Rochon de Chabannes avait présenté au ministre un mémoire tendant à faire remettre l'administration de l'Opéra aux sujets principaux, formant un comité subsistant, dont chaque membre aurait le détail de quelque partie, et serait obligé d'en rendre compte à l'Assemblée. C'est ce plan qui avait été adopté. (*Mémoires secrets*, 11 avril 1782).

de misérables ouvrages qui tombèrent tout à plat, malgré la musique que Gossec, Méreaux et Philidor avaient eu la faiblesse de composer par crainte de ce triste sire.

Il n'était pas d'autre arme que la chanson contre ce tyran de la musique, et, de fait, les malins ne se faisaient pas faute de gloser sur le sieur Morel.

Au bas d'un pont, dans un bureau,
Morel visait le numéro
De mes voitures et des vôtres,
Quand il se dit un beau matin :
Je veux faire aussi mon chemin;
Je le vois bien faire à tant d'autres.

Ma figure, dont chacun rit,
Est plate autant que mon esprit.
Quels protecteurs seront les nôtres?
Mince en tout, comme en revenus,
Grossissons-nous par les *Menus*,
Comme on en voit grossir tant d'autres.

Roi des dramatiques tripots,
La Ferté, voyant mon héros,
Dit : Bon, il faut qu'il soit des nôtres.
Pour mon argent, toujours dupé,
Toutes mes catins m'ont trompé :
Allons, Morel, cherchez-m'en d'autres.

Et ainsi de suite, pendant huit couplets. Fait-il jouer son *Panurge dans l'île des Lanternes*, une des productions du comte de Provence (la musique était de Grétry, comme celle de *la Caravane du Caire*, sortie de la même plume royale), chacun de s'égayer fort d'un énorme tambour sur lequel on frappait continuellement dans cet ouvrage et d'expliquer à sa façon cet usage excessif de la peau d'âne.

Dans cet opéra, je vous prie,
Qui frappe avec tant de fureur?
C'est le dieu du goût, je parie,
Qui prend le tambour pour l'auteur.

L'Opéra était dans un désarroi complet sous cette autorité arbitraire et aussi capricieuse qu'absolue. Acteurs et actrices agissaient tous à leur fantaisie. Ils ne chantaient ou dansaient que quand il leur faisait plaisir, se montraient d'ailleurs fort âpres au gain, et harcelaient le ministre pour qu'il leur accordât titres, congés ou gratifications, trois faveurs qui n'en faisaient qu'une et qui tendaient au même but : s'emplir la poche.

Ils partaient en voyage sans permis, se reposaient sans raison valable, laissaient l'Opéra aller à vau-l'eau et criaient tous à qui mieux mieux contre la sévérité qu'on montrait à leur égard. Il n'y avait qu'un moyen de mater cette troupe indocile : la prison ; et encore cette *ultima ratio* avait-elle bien perdu de sa puissance. Il n'est pas de mois où le ministre n'écrive à l'intendant de menacer tel artiste de le faire enfermer, mais la Force et For-l'Evêque n'étaient plus les épouvantails d'autrefois. Tous les artistes, du plus grand au plus petit, sentaient bien que les temps étaient changés, qu'en dépit de toutes les menaces, on n'oserait les mettre en prison qu'à la dernière extrémité, qu'on les y laisserait quelques heures à peine, et qu'à leur sortie de cachot, le public les applaudirait pour faire pièce à leurs oppresseurs.

Cette assurance doublait leur audace et les faisait traiter leurs supérieurs avec une rare insolence. Un beau jour de 1783, le sieur Morel avait fait enfermer une danseuse, mademoiselle Dupré, qui voulait à toute force aller danser à Turin. Celle-ci ne passa qu'un jour en prison, et à peine sortie, elle ne craignit pas d'adresser à Morel une lettre où elle le gouaillait ainsi que son beau-frère Papillon de la façon la plus amusante. Elle débutait ainsi et continuait sur ce ton pendant deux grandes pages :

J'ai l'honneur de vous informer, Monsieur, que le tout a été on ne peut pas mieux. Je n'ai d'autres regrets que celuy de n'avoir resté enfermée que vingt-quatre heures. Le raclement des barreaux et le train des verroux étoit très amusant, et faisoit une armonie délicieuse ; j'y avois déjà fait porter des pacquets et des provisions, comptant faire un plus long séjour dans ces lieux charmants, où néantmoins j'aurai beaucoup soufert d'ennuys et de tristesse, comme vous pouvez bien vous l'imaginer. Enfin, voilà la pièce jouée au parfait. Il ne me reste qu'à m'occuper sérieusement de mes affaires... (1).

Finalement, elle obtint ce qu'elle voulait et partit pour l'Italie.

(1) Archives nationales, Ancien Régime, 01, 629. Lettre de Mlle Dupré du 5 septembre 1783.

Cependant le roi voyait avec peine que les dispositions qu'il avait prises n'avaient pas eu tout le succès qu'il en pouvait espérer, et il crut bien faire en instituant, le 3 janvier 1784, une école où l'on pût former des sujets utiles à l'Académie de musique; mais cette école devint bientôt un objet de haine pour les premiers sujets, qui trouvaient là un obstacle à leurs caprices (c'était là en effet qu'on allait chercher des artistes pour les remplacer quand ils s'avisaient de simuler une maladie pour ne pas chanter, ou quand ils voulaient voyager), et ils réunirent tous leurs efforts pour battre en brèche cette dangereuse institution. Enfin, le roi, voulant couper court aux réclamations sans fin que suscitaient les innombrables règlements qui régissaient l'Opéra, les refondit tous en une seule et même loi, datée du 13 mars 1784. Ce travail, d'une longueur démesurée et dans lequel on s'est ingénié à prévoir et à résoudre toutes les difficultés qui pourraient naître, ne servit absolument de rien, et, après comme devant, le désordre ne cessa de régner à l'Académie.

Le roi s'avisa enfin qu'il avait peut-être eu tort de céder aux revendications des artistes, et que l'autorité du directeur, si faible fût-elle, ne pouvait qu'exercer une influence salutaire sur l'Opéra, puisque le désordre n'avait fait qu'augmenter depuis son départ. Il résolut donc de remettre un directeur à la tête de l'Opéra et il rappela à ce poste celui même qu'on avait sacrifié naguère aux intrigues du comité. C'était un grand honneur pour Dauvergne, mais un sanglant affront pour le comité, car, bien qu'on eût mis en avant la faiblesse de sa santé pour masquer sa défaite, Dauvergne avait été bel et bien congédié en 1782. Voici, en effet, en quels termes les *Mémoires secrets* signalent son retour : « Le sieur Dauvergne, qu'on avait renvoyé en 1782 de la direction à cause de la pesanteur de son joug, désagréable à tous les sujets, vient d'être rétabli avec de grands compliments. On dit aujourd'hui que son mérite, son honnêteté et sa probité sont connus depuis longtemps. »

Dauvergne rentra en fonctions le 1er avril 1785 : on devine de quel œil le comité le vit revenir au pouvoir. La lutte recommença plus vive que jamais entre le directeur et les membres du comité : chaque parti se dénonçait à tour de rôle au courroux du ministre.

Cependant, au plus fort de cette guerre de ruses et d'embûches, le ministre de Paris vint à changer : le baron de Breteuil, qui avait remplacé Amelot, donnait sa démission, et

M. de Villedeuil lui succédait le 24 juillet 1788. Dauvergne jugea à propos de renseigner le ministre sur les terribles gens qu'il était chargé de conduire et de contenir. Il dressa alors un état général de tous les *sujets délibérants, chantants ou dansants* de l'Opéra, et l'adressa à l'intendant des Menus avec le secret espoir que celui-ci le montrerait au ministre : il prend soin du reste de l'y engager dans une lettre fort habile. Cet état des sujets de l'Opéra est rédigé avec beaucoup de soin et d'esprit : c'est une série de portraits à la plume, d'une vérité d'autant plus grande qu'ils ne sont pas flattés. A voir le soin qu'il prend d'être à la fois très-juste et très-sévère, on devine que Dauvergne risquait là une forte partie : il lui fallait vaincre... ou partir.

Voici ce curieux tableau et la lettre qui l'annonce, deux pièces destinées à rester secrètes et qui le sont demeurées jusqu'à ce jour (1).

A Paris, ce 14 aoust 1788.

Monsieur,

Je suis revenu hier de la campagne pour me rendre demain vendredi, entre neuf et dix heures, dans l'Œil de Bœuf ou dans la Grande Galerie : j'yrai avant ou après prendre les ordres de M. le maréchal de Duras pour mon service du jour de Saint-Louïs.

J'ai fait l'analyze des talens, des mœurs, du caractère, des deffauts, tant des personnes qui composent le comité, que des premiers sujets du chant et de la danse que vous m'avés demandé, et je ne puis remettre qu'à vous même, étant un objet de confiance sans bornes : vous y verrés, Monsieur, que ma véracité ne m'a pas permis de vous rien cacher : je vous prie de ne confier à personne (excepté au ministre, si vous le jugés à propos) cet analyze qui auroit l'air d'un libelle contre quelques sujets, quoiqu'il soit dicté par la vérité, et que les portraits y soient peints d'après nature, et même sans charge : comme ma conscience ne me reproche rien sur le compte que j'ai l'honneur de vous rendre, quelques choses qu'il en puisse résulter, je n'en serai pas moins tranquille.

J'ai celui d'être avec un respectueux attachement, Monsieur, votre très-humble et très-obéissant serviteur.

D'AUVERGNE.

(1) Aux Archives, la lettre se trouve dans le carton : *Ancien régime* 01,629 ; tandis que la pièce principale est dans le carton 626. Celle-ci, bien entendu, n'est ni signée ni datée, mais l'écriture caractéristique de Dauvergne ne permet d'avoir aucun doute sur le compte de l'auteur ; pour la date, le seul rapprochement de cet état avec les tableaux de troupes donnés par les almanachs du temps, nous indique 1788, ce qui concorde parfaitement avec la lettre signée.

2

ETAT DES PERSONNES QUI COMPOSENT LE COMITÉ DE L'OPÉRA.

M. Dauvergne. — Directeur général, sur-intendant de la musique du Roi.

M. Francœur. — Directeur, sur-intendant de la musique du Roi en survivance. Homme honnête, plein d'intelligence, de zèle et d'activité.

M. La Suze. — Maître de musique du théâtre. Homme qui remplit ses devoirs avec beaucoup de zèle et un talent distingué.

M. Rey. — Maître de musique de l'orchestre, et maître de musique de la Chambre en survivance. Cet homme, né d'un tempérament fougueux, a le talent de sa place, mais il la fait souvent avec humeur, sur tout lorsqu'il a perdu son argent au jeu ou à la loterie, ce qui le met dans le cas d'emprunpter et dans l'impossibilité de rendre.

M. Gardél. — Maître des ballets et premier danseur. Cet homme a le talent de ses deux places, mais son honnêteté et sa douceur naturelle fait qu'il passe des fautes à ses camarades dans la crainte de leur faire de la peine; il y a tout à espérer que l'expérience le corrigera de cette foiblesse.

M. Pàris. —Dessinateur du Cabinet du Roi. Homme très-honnête, et d'un talent très-distingué ; on en voyoit la preuve tous les jours avant l'incendie des Menus, par le grand nombre de belles décorations qu'il a faites depuis qu'il est à l'Opéra.

M. Bocquét. — Dessinateur des habits ; honnête homme, qui fait bien sa place.

M. Berthelemi. — Adjoint au dessinateur des habits : de l'Académie de peinture, homme doux, honnête et beaucoup de talent.

M. Jausen. — Inspecteur, fort honnête homme, qui surveille les dépenses du magazin avec zèle et beaucoup d'activité.

M. Lainéz. — Comme plus ancien premier acteur : son caractère à l'article des premiers sujets du chant.

M. La Salle. —Secrétaire, brévelé du Roi : homme fourbe, intrigant, nuisible au bien de la chose par les mauvais conseils qu'il a toujours donné à tous les sujets de l'Opéra, dans l'espérance qu'en culbutant ce spectacle on lui en donneroit la direction pour le rétablir : il a ôsé faire des mémoires contre des personnes dont la probité est intacte, ce qui a occasionné une méfiance si bien fondée contre lui, qu'il ne fait plus rien du tout, excepté de nuire encor par les mauvais conseils qu'il donne aux personnes de la machine qui ne le connoissent pas.

ÉTAT DES PREMIERS SUJETS DU CHANT.

M. Chéron. — Cet homme a une belle voix, qui fait presque son seul mérite, ayant négligé par paresse et par lâcheté d'acquérir le talent d'acteur; il regarde son état comme un bénéfice qui ne peut jamais lui manquer; il ne fait pas attention qu'il a été doublé dans plusieurs rôles avec succès par le sieur Adrien, jeune sujet sorti de l'École, qui raisonne et joue très-bien ses rôles; il est fort endetté.

M. Lays. — Cet homme, qui est très-bon dans les rôles comiques, a la vanité de croire qu'il est fort bon dans les rôles nobles; mais le public le mêt à la place qui lui convient; il est noyé de dettes, comme le sont presque tous les premiers sujets, par le luxe et par le jeu.

M. Lainéz. — Cet homme est d'un caractère très-violent, s'emportant pour la moindre chose; alors il se dit malade et cesse son service sans raison : cela est d'autant plus fâcheux qu'avec sa mauvaise voix il fait le plus grand plaisir comme acteur lorsqu'il est placé dans des rôles qui lui conviennent; il doit beaucoup, parce qu'il joüe gros jeu.

M. Rousseau. — Homme doux, faisant bien son service lorsqu'il peut se deffendre des conseils pernicieux du sieur Lasalle, avec qui il est lié.

Premiers remplaçants.

M. Moreau. — Excellent sujet, qui a toujours très-bien servi depuis 1772, qu'il est entré à l'Opéra; mais le service forcé qu'il a fait le met hors d'état de continuer après Pâques prochain.

M. Chardini. — Sujet honnête, qui est grand musicien et chante très-bien; il a une bonne conduite, mais il est un peu paresseux.

Doubles.

M. Chateaufort.—Mauvais sujet ; il a signifié son congé pour Pâques, qui a été accepté par le Comité.

M. Adrien. — Jeune sujet, élève de l'école de chant, qui double à la satisfaction du public les rôles du sieur Chéron : il est âgé de 21 ans, grand musicien, chantant bien, bon acteur, remplissant ses devoirs avec un zèle infatigable; avec cela une conduite sans reproches et de mœurs fort douces.

M. Le Brun. — Jeune sujet, élève de l'école de chant, grand musicien, homme très-utile.

M. Renault. — Jeune sujet, âgé de 18 ans, élève de l'école de chant, mauvaise tête, mais c'est le seul sujet haute-contre sur qui il y ait des espérances pour remplacer les sieurs Lainez et Rousseau, qu'il a déjà doublé à la satisfaction du public.

Premiers sujets.

Mlle Saint-Huberti. — Cette femme (la plus méchante qu'il y ait à l'Opéra) a un très-grand talent comme actrice ; elle a été forcée, faute de moyens du côté de la voix, d'abandonner plusieurs grands rôles qu'elle n'ôse plus chantér : cette femme qui, par congé, va passér deux mois et demi dans les villes de provinces où il y a des spectacles, ne se refuse point de chanter à deux représentations par jour, tandis qu'à Paris, elle chante une fois par semaine et très-rarement deux fois, et l'orsque cela arrive elle en murmure fort haut.

Mlle Maillard. — Sujet très-utile, mais qui malheureusement se laisse faire des enfants, ce qui prive le public d'un nombre d'opéra que l'on ne peut pas risquer de donnér sans cette actrice et sans la dame St-Huberti, qui se trouve absente dans ce tems là ; ce qui nuit considérablement aux interest de l'Académie : cette femme est fort endettée.

Premiers Remplacements.

Mlle Gavaudan Ctte. — Sujet précieux, quoique mauvaise tête : elle chante les rôles de soubrettes dans les opéra de genres : et remplace avec succès les Dlles St-Huberti et Maillard dans les grands opéra avec une voix très-agréable ; enfin elle a fait le service de ces deux femmes depuis Pâques lorsque les occasions l'ont exigées.

Mlle Chéron. — Cette femme sur qui l'on comptoit beaucoup, est devenue aussi paresseuse que son mari : elle ne travaille plus.

Doubles.

Mlle Joinville. — Belle femme, belle voix, mais dont on n'a pu rien faire depuis douze ans qu'elle est à l'Opéra ; elle s'enivre, se lève à midi ; elle n'a jamais voulu étudier, ce qui l'a empêchée de faire aucun progrès.

Mlle Buret. — Cette femme a une belle voix : elle n'est plus présentable dans aucun rôle en pied, à cause de son énorme grosseur ; elle ne peut être utile que pour chanter les rôles de déesses dans les gloires et les chars.

Mlle Gavaudan, l'aînée. — Elle a une assés jolie voix pour chanter des petits airs : nullement capable de chanter un rôle : c'est elle qui par sa méchancetée a gaté le caractère du sieur Lainez, avec qui elle vit depuis longtemps.

Mlle Audinot. — Méchante femme sans talents, que l'on suporte dans quelques petits rôles, faute d'autres sujets.

Mlle Mulot. — Sujet élevé à l'Ecole de chant ; elle est très-utile et le deviendra davantage ; sans elle, on auroit fermé la porte de l'Opéra, par la mauvaise volonté des premiers sujets de son sexe.

Mlle Lillette. — Jeune sujet, élève de l'Ecole de chant, d'une figure agréable et théâtrale pour les rôles de princesse, elle a débuté avec succès et s'occupe continuellement d'augmenter son talent.

Mlle Saint-James. — Joli sujet, quoiqu'avec une petite voix, pour chanter les ariettes et le petits airs.

ÉTAT DES PREMIERS SUJETS DE LA DANSE.

Premiers Danseurs.

M. Gardel. — Premier danseur et maître des ballets. Voyés son caractère à l'article comité.

M. Vestris — Excellent danseur dans son genre, mais bête, insolent, impudent, ne se prêtant jamais au bien de la chose lorsque les circonstances l'exigent, quelques raisons qu'on lui donne pour l'y engager, et cela parce que son père lui dit que moins il dansera et plus le public l'applaudira.

M. Nivelon.—Danseur, agréable dans la pantomime, il sert assés exactement.

Premiers Remplacements.

M. Favre.—Aide du maître des ballets, danseur médiocre, d'une mauvaise santé, mais il n'y en a pas un meilleur pour doubler M. Gardel.

M. Laurent. — Figure de magot, mais que le public trouve bon dans les danses de caractère.

M. Frederik.—Assés bon pour doubler le sieur Vestris dans quelques circonstances pressantes.

M. Goyon. — Excellent danseur dans la pantomime, mais la plus mauvaise conduite pour l'œconomie de sa santé et celle de ses finances.

M. Huard. — Mauvais sujet, médiocre danseur, il s'est enfui à Bruxelles avec une femme, pour se soustraire à ses créanciers.

M. Laborie. — Jeune sujet de 17 ans, de la plus jolie figure possible, il a de grandes dispositions, il travaille beaucoup, il ne lui manque qu'un bon maître.

M. Siville. — Mauvais sujet pour la conduite et pour son talent qu'il a négligé pour courir les femmes débauchées et les tripots dans l'un desquels il a été arrêté il y a 10 jours : on lui a rendu sa liberté sur la représentation faite à M. De Crosne, qu'on en avait besoin dans le moment.

Premiers sujets de la Danse.

Mlle Guimard. — Cette demoiselle a fait un service sans exemple depuis 1761, qu'elle est entrée à l'Opéra ; il seroit très facheux pour le public et pour l'Académie que de mauvais conseils lui fissent perdre le mérite d'une considération que l'on doit à ses longs services.

Mlle Saulnier. — Belle femme, mais médiocre danseuse, pour ne rien dire de plus.

Mlle Pérignon. — Excélente danseuse dans son genre.

Mlle Langlois. — Actuellement enceinte, il y a tout à craindre que le deffaut d'exercice ne nuise à son talent.

Premiers Remplacements.

Mlle Roze. — La meilleure danseuse dans le genre noble : elle se rends difficile pour le service, par les mauvais conseils de son maître, le sieur Vestris père.

Mlle Hilisberg. — Jolie danseuse, encore difficile par les conseils de son maître, le sieur Vestris père.

Mlle Coulon. — Bonne danseuse dans le genre noble, mais froide, elle a cependant beaucoup acquit pendant son séjour à Londres. Ses progrès ont été très-sensibles.

Mlle de Ligny. — Danseuse médiocre qui, malgré son travail, n'augmentera pas beaucoup son talent.

Mlle Zacarie. — Médiocre danseuse qui restera telle qu'elle est.

Mlle Miller. — Excélente danseuse quoiqu'un peu froide, elle travaille sans relâche à devenir premier sujet, elle ne repugne à rien pour le bien du service.

Mlle Laure. — Cette jeune fille ne fait dans ce moment aucun service pour cause de maladie de femme, il faut attendre l'époque pour savoir ce qu'elle deviendra.

Mlle Trosche. — Jeune danseuse qui travaille beaucoup, et qui double la demoiselle Pérignon à la satisfaction du public.

Croyez-vous qu'il fût bien aisé de conduire une troupe où les sujets zélés et de caractère traitable étaient de beaucoup en minorité? Quelle peine devait avoir le directeur à composer les spectacles au milieu de ces exigences qui se contrariaient l'une l'autre, de ces départs subits, de ces caprices d'un jour! Tantôt c'est la Guimard qui, une fois le répertoire arrêté pour la semaine, envoie dire qu'elle compte se purger le mardi, qu'on ait donc à changer le spectacle. A quoi le directeur répond qu'il ne changera rien, et qu'il fera doubler Mlle Guimard si elle ne veut pas danser. « Toutes ces propositions, ajoute Dauvergne, ne sont faites que parce qu'il y avait une petite partie organisée pour aller à Lay passer le mardi, le mercredi et le jeudi. Voilà le résultat de la liaison de la Guimard avec toutes sortes de canailles; je pense que c'est véritablement le mot propre de cette pernicieuse société! (1) » Tantôt, c'est le jeune Vestris, qui imagine de faire le boiteux et de dire qu'il s'est blessé à la jambe, pour ne pas danser dans *Panurge :* Dauvergne le guérit subitement en lui annonçant que s'il ne dansait pas, il serait à l'amende de tout son mois (2). Un autre jour, il se produit à l'Opéra un miracle étrange. Lainez refuse un soir de chanter dans *Evélina*, disant qu'il ne pouvait articuler un son, et le lendemain il accourt chez le directeur, assurant qu'il reprendrait son service dès le lendemain; il avait suffi pour le guérir qu'un jeune inconnu débutât avec succès dans le rôle même où il croyait qu'on ne pourrait jamais le remplacer (3).

Mais quand la maladie venait accroître tous ces embarras, la tâche du directeur devenait presque impossible, et la grippe sévit précisément avec une grande rigueur en l'année 1788. Aussi, faut-il voir le désespoir de Dauvergne, qui ne sait vraiment à quel saint se vouer. « Je joins ici le répertoire pour la semaine, écrit-il le 30 août à M. de la Ferté. Vousy verrés que l'on ne donnera point de ballet d'action demain, en voici les raisons : Mlle Guimard a fait dire qu'elle étoit incommodée, la demoiselle Pérignon l'est aussi, la demoiselle Langlois est prête d'accoucher, la demoiselle Ligny est toujours hors d'état de danser, j'ai envoyé un congé de deux mois à la demoiselle Zacharie, la demoiselle Laure ne danse plus; la demoiselle Trosche est dans son lit de la suite d'une entorse qu'elle à pris il y a trois semaines ; malgré tous ces invalides, si Guimard avoit pu dansér, peut-être auroit-on pû imaginér de donnér quelque chose, ne fut-ce que la *Chercheuse d'esprit*, mais, dans le moment qu'elle a envoyé dire qu'elle étoit hors d'état de danser, j'ai appris que M. Nivelon est tombé avant-hier, qu'il s'est, m'a-t-on dit, cassé une dent et fendu une lèvre, que le sieur Goyon est attaqué de la grippe comme les trois quarts de Paris, enfin, Monsieur, je vois avec satisfaction que, malgré cette épidémie, nous pouvons joüer l'opéra, quoiqu'avec la moitié de nos chœurs de moins et un tiers de l'orchestre malade (4). »

En dépit des efforts héroïques du directeur, l'année 1788 (de Pâques 1788 à Pâques 89), fut des plus mauvaises et se ter-

(1, 2, 3, 4) Archives nationales, ancien régime, 01-629. Le mois précédent, certains acteurs de l'Opéra qui étaient allés danser à Londres avaient reparu à l'Opéra. En annonçant cette nouvelle à M. de La Ferté, Dauvergne indique par son expression qu'on avait alors une singulière façon d'apprécier le mérite d'une danseuse. « Les débuts anglois ont eu lieu hier. La demoiselle Coulon a dansé la première; il m'a paru, ainsi qu'à tous les spectateurs, qu'elle a fait beaucoup de progrés, surtout dans les sauts, car elle a fait voir, au moins dix fois, dans de très-longues pirouettes, le plus haut bouton de son caleçon : elle a été très-applaudie. » (Archives nationales, Ancien régime, 01,629, lettre du 12 juillet 1788).

mina par un gros déficit. Lasalle, le digne secrétaire du comité, saisit aussitôt cette occasion et adressa au ministre un rapport secret où il attribuait ce malheur à la mauvaise direction de Dauvergne. Celui-ci, ayant été informé de cette attaque calomnieuse, écrivit sur l'heure à M. de la Ferté une lettre très-digne, où il énumérait simplement les causes du déficit, lesquelles du reste n'étaient pas difficiles à découvrir. « Ce délabrement, dit-il, a été occasionné cette année par un froid rigoureux pendant 60 jours; par l'établissement d'un spectacle musical (l'Opéra Italien) qui attire plusieurs amateurs qui venoient à l'Opéra; par les circonstances des affaires du tems qui inquiettent nombre de citoyens sur leurs fortunes et plus encore; par la tranquillité des sujets qui sans rien faire reçoivent les appointemens et ne rougissent point de prendre des prétextes pour se dispenser de remplir leurs devoirs; enfin par le grand nombre de congés accordés à des sujets nécessaires. » Il termine cette lettre fort habile par cette simple réflexion qui en disait plus que de longues phrases : « J'ai appris hier que le sieur Lasalle a présenté, il y a quelques jours, au ministre un mémoire contre moi, je n'en ai point été étonné, puisqu'on a eu la bonté de ne le pas chasser lorsqu'il a eu l'audace d'en présenter un contre vous il y a 4 ans : je lui pardonne toutes les coquineries qu'il fera ou qu'il écrira contre moi (1). »

Parmi les causes qui avaient amené ce déficit dans la caisse de l'Opéra, il en est une qu'il faut tirer au clair, parce qu'elle peut être d'un utile enseignement pour ceux qui s'occupent d'économie théâtrale : il s'agit de la paresse des artistes, qui ne cherchaient qu'à s'enrichir en jouant le moins possible. Le 3 janvier 1784, le roi avait rendu un arrêté qui fixait un maximum pour les traitements (9,000 livres pour les premiers sujets, 7,000 pour les remplaçants, 3,000 pour les doubles) et supprimait les *feux*, mais confirmait les sujets admis au partage et ceux qui y seraient admis par la suite dans leur droit sur les bénéfices qui pourraient résulter des recettes plus avantageuses, dues en partie à leur zèle, à leurs travaux, ainsi qu'à leur économie dans les dépenses. Ce règlement répondait bien aux idées d'association, de libre exploitation que les artistes mettaient toujours en avant. Les premiers artistes

(1) Archives nationales. Ancien régime, 01, 629. Lettre de Dauvergne du 26 mars 1789.

ayant droit au partage étaient bien les mêmes qui recevaient jadis des feux, mais au moins le bénéfice qui leur revenait maintenant n'était que le résultat du bien qu'ils faisaient à la chose publique, au lieu d'être une sorte d'apanage de leur talent.

A peine voulut-on appliquer ce règlement qu'on vit tous les premiers sujets refuser à qui mieux mieux de chanter et de danser : c'étaient les petits qui faisaient presque toute la besogne. Et pourtant les premiers sujets n'auraient eu à répartir qu'entre eux les bénéfices que leur concours eût fait réaliser, mais chacun prétendait se reposer et partager ensuite le bénéfice produit par le travail d'autrui.

Après quatre ans de ce régime, le directeur put dresser et envoyer au ministre cet *état du nombre de fois que les premiers sujets du chant et de la danse ont chanté ou dansé pendant les années ci-après* (1). Je prends seulement dans ce tableau les plus célèbres artistes du chant : la proportion est la même pour tous les sujets copartageants.

NOMS	LORS DES FEUX					DEPUIS LA SUPPRESSION DES FEUX.			
	1780	1781	1782	1783	1784	1785	1786	1787	1788
Lainez........ ..	129	104	141	97	60	69	45	46	48
Chéron..........	»	95	93	156	104	83	34	57	67
Lays.......	»	65	166	127	78	35	54	63	73
Rousseau........	»	»	121	115	95	49	53	69	72
Moreau..........	141	123	198	153	158	122	148	122	127
Mmes St-Huberti.	79	66	110	49	57	36	46	30	41
Maillard........	»	»	•	76	54	64	51	56	47
Gavaudan aînée..	»	»	100	65	32	71	53	67	18

Nous voilà loin du temps où Legros s'écriait éloquemment dans un discours qu'il adressait à tous ses camarades réunis lors de la création du comité et des artistes copartageants (17 avril 1780) : « Oublions nos intérêts particuliers et ne nous occupons que du bien général qui refluera sur nous dans une proportion que la justice seule combinera suivant le mérite de tous ceux qui doivent y coopérer (2). »

(1) Archives nationales, Ancien régime, 01, 631.

(2) Archives nationales, Ancien régime, 01, 632.

L'expérience de la suppression des feux ayant donné un résultat aussi mauvais que possible, le roi rendit le 2 avril 1789 un arrêt par lequel il les rétablissait dans les conditions suivantes : tout premier sujet du chant devait chanter au moins soixante-dix fois dans l'année, à moins d'empêchement très-sérieux. Pour chaque représentation en moins, il encourait une amende de 48 livres et pour chaque représentation en plus, il recevait un feu de 48 livres, mais seulement jusqu'à concurrence de cent dix représentations. On avait cru devoir établir ce maximum pour permettre aux doubles et aux débutants de se produire : il avait fallu réveiller le zèle des artistes par l'appât d'un gain immédiat, mais il était prudent de se mettre en garde contre leur avidité, comme auparavant contre leur paresse égoïste.

Cependant, la lutte entre le directeur et le comité prenait chaque jour un caractère plus aigu : les artistes qui, peut-être, avaient eu vent du long rapport de Dauvergne, le traitaient d'espion et l'insultaient en plein comité. Celui-ci résolut de se retirer et, le 2 mai 1789, il adressa sa démission au ministre dans une longue lettre, qui débute ainsi : « D'après les calomnies atroces que répandent contre moi les premiers sujets de l'Opéra, dont le sieur Vestris ne vous a dit qu'une partie, il en coûte à mon cœur de vous dire que, malgré mon attachement inviolable pour vous, il ne m'est plus permis de rester à l'Opéra. » Puis il explique longuement à quelles persécutions il est en butte de la part des membres du comité, qui allaient jusqu'à tenir entre eux des conférences pour se liguer contre lui. Son autorité méconnue, ses ordres annihilés, son honnêteté même suspectée (le comité avait décidé que deux membres l'accompagneraient chez le ministre pour être témoins des comptes qu'il rendrait); tels étaient les tourments moraux qu'il avait subis durant quatre ans, alors que des embarras de toute sorte rendaient la direction de l'Opéra de plus en plus difficile. La perspective de se trouver encore en face d'un comité tel qu'il n'oserait plus ouvrir un avis, tant il était sûr de le voir repoussé, le décidait à prendre sa retraite, et il implorait humblement cette grâce du ministre dans cette longue lettre d'une simplicité touchante qui se terminait par ce triste avis : « J'ai l'honneur de vous renvoyer cy joint le supplément de l'arrêt du conseil du 28 mars, sur lequel je ne ferai pas d'autre observation, sinon que le prétendu pouvoir qui y est attribué à la place de directeur général n'est qu'illusoire (1). »

Ce n'était guère le temps de chanter ni de danser : les États Généraux allaient se réunir dans trois jours, et le roi n'avait plus le loisir de s'occuper à régenter l'Opéra et à raffermir le pouvoir du directeur, alors que le sien propre était déjà bien menacé. Le ministre pria Dauvergne de garder encore la direction dans ces circonstances difficiles; celui-ci consentit. Du reste, le ministre ne cache pas au directeur, dans sa lettre du 24 mai, que le roi, tout en étant satisfait de l'ordre et de la précision du compte qu'on lui avait mis sous les yeux, s'était montré très-fatigué des tracasseries survenues à l'Opéra. « J'espère, dit-il, qu'il n'en sera plus question (2). » Il ne se trompait pas.

La politique et les troubles précurseurs de la Révolution faisaient déjà de nombreux loisirs à l'Opéra, qui devait à chaque instant fermer ses portes. Le devoir du directeur en cette époque agitée était surtout de défendre le théâtre même contre la foule, qui venait y quérir des armes; ce rôle exigeait de la fermeté, et Dauvergne sut le bien remplir jusqu'au 8 avril 1790. A ce moment, la Ville de Paris reprit l'Opéra dans ses attributions, et en confia la direction aux principaux sujets, aux délégués des chœurs, du chant, de la danse, de l'orchestre, et à des commissaires municipaux. De ce jour-là, les membres du comité retrouvèrent toute la douceur et la mansuétude dont ils avaient fait preuve vis-à-vis de Morel; ils avaient facilement pressenti qu'il y aurait plus de danger à tergiverser avec des gens comme Henriot, Chaumette, Leroux et Hébert, qu'avec un directeur général, un intendant des Menus ou un ministre de Paris : ils se tinrent cois et filèrent doux.

ADOLPHE JULLIEN

(1) Archives nationales, Ancien régime, 01,629. Lettre de Dauvergne, du 2 mai 1789.

(2) Archives nationales, Ancien régime, 01,631.

Paris. — Imp. Dubuisson et Cᵉ, rue Coq Héron, 5. 3675

DU MÊME AUTEUR

EN PRÉPARATION :

GŒTHE ET LA MUSIQUE

UN VOLUME IN-12

www.ingramcontent.com/pod-product-compliance
Ingram Content Group UK Ltd.
Pitfield, Milton Keynes, MK11 3LW, UK
UKHW022154260726
13993UKWH00005B/2370

9 782329 341637